la escuela - el colegio	2
el viaje - el viaje	5
el transporte - el transporte	8
la ciudad - la ciudad	10
el paisaje - el paisaje	14
el restaurante - el restaurante	17
el supermercado - el supermercado	20
las bebidas - las bebidas	22
la comida - la comida	23
la granja - la granja	27
la casa - la casa	31
la sala - el living	33
la cocina - la cocina	35
el cuarto de baño - el baño	38
la habitación de los niños - el cuarto de los chicos	42
la ropa - la ropa	44
la oficina - la oficina	49
la economía - la economía	51
los oficios - las ocupaciones	53
las herramientas - las herramientas	56
los instrumentos musicales - los instrumentos musicales	57
el zoo - el zoológico	59
los deportes - los deportes	62
las actividades - las actividades	63
la familia - la familia	67
el cuerpo - el cuerpo	68
el hospital - el hospital	72
la urgencia - la emergencia	76
la tierra - la Tierra	77
hora(s) - el reloj	79
la semana - la semana	80
el año - el año	81
las formas - las formas	83
colores - colores	84
los opuestos - los opuestos	85
los números - los números	88
los idiomas - los idiomas	90
quién / qué / cómo - quién / qué / cómo	91
dónde - dónde	92

AF288197

Impressum
Verlag: BABADADA GmbH, Nedderfeld 112 , 22529 Hamburg
Geschäftsführer / Verlagsleitung: Harald Hof
Druck: Books on Demand GmbH, In de Tarpen 42, 22848 Norderstedt

Imprint
Publisher: BABADADA GmbH, Nedderfeld 112 , 22529 Hamburg, Germany
Managing Director / Publishing direction: Harald Hof
Print: Books on Demand GmbH, In de Tarpen 42, 22848 Norderstedt

la escuela
el colegio

el aula
el aula

dividir
dividir

$186/2$

la pizarra
el pizarrón

el patio
el patio de la escuela

el maestro/a
el maestro

el papel
el papel

escribir
escribir

el bolígrafo
la birome

el escritoria
el escritorio

la regla
la regla

el libro
el libro

el alumno/a
el alumno

la cartera
la mochila

la caja de lápices
la caja de lápices

el lápiz
el lápiz

el sacapuntas
el sacapuntas

la goma de borrar
la goma (de borrar)

el cuaderno de dibujo
el bloc de dibujo

el dibujo
el dibujo

el pincel
el pincel

la caja de pinturas
la caja de pinturas

las tijeras
la tijera

el pegamento
el pegamento

el cuaderno de ejercicios
el cuaderno de ejercicios

los deberes
la tarea

el número
el número

2+2

sumar
sumar

restar
restar

multiplicar
multiplicar

calcular
calcular

la letra
la letra

ABCDEFG
HIJKLMN
OPQRSTU
VWXYZ

el alfabeto
el abecedario

la palabra
la palabra

el texto

el texto

leer

leer

la tiza

la tiza

la lección

la lección

el cuaderno de notas

el cuaderno de clase

el examen

el examen

el certificado

el certificado

el uniforme

el uniforme escolar

la educación

la educación

la enciclopedia

la enciclopedia

la universidad

la universidad

el microscopio

el microscopio

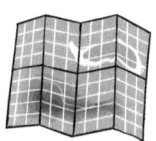

el mapa

el mapa

la papelera

el tacho (de basura)

el viaje

el viaje

el hotel
el hotel
Grand
el albergue
el hostel
ROOMS
oficina de cambio de divisas
casa de cambio
la maleta
la valija
el coche
el auto

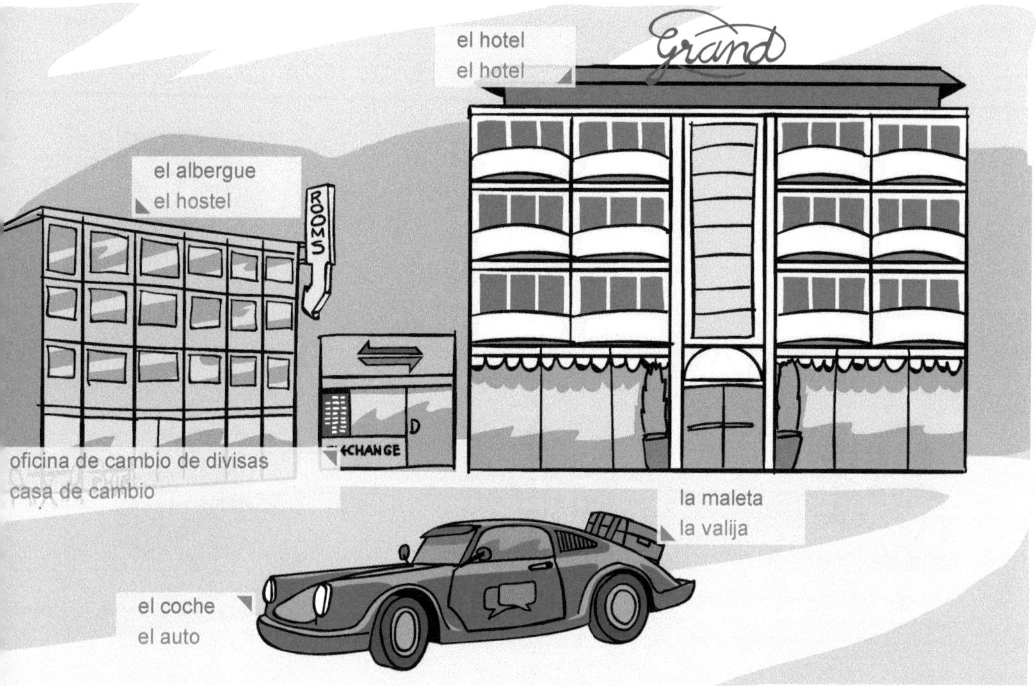

el idioma
....
el idioma

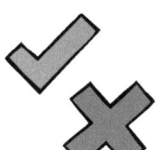

sí / no
....
sí / no

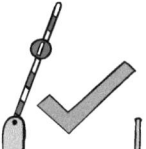

Vale
....
Está bien

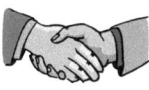

hola
....
hola

el traductor
....
el traductor

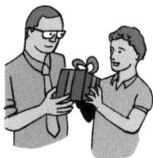

Gracias
....
Gracias

¿cuánto es...?

¿cuánto cuesta...?

No entiendo

No entiendo

el problema

el problema

¡Buenas tardes!

¡Buenas tardes!

¡Buenos días!

¡Buenos días!

¡Buenas noches!

¡Buenas noches!

adiós

el adiós

la dirección

la dirección

el equipaje

el equipaje

la bolsa

el bolso

la mochila

la mochila

el invitado

el invitado

la habitación

la habitación

el saco de dormir

la bolsa de dormir

la tienda de campaña

la carpa

la información turística

la información turística

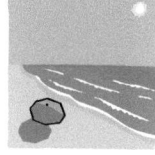

la playa

la playa

la tarjeta de crédito

la tarjeta de crédito

el desayuno

el desayuno

el almuerzo

el almuerzo

la cena

la cena

el billete

el pasaje

el ascensor

el ascensor

el sello

el sello

la frontera

la frontera

la aduana

la aduana

la embajada

la embajada

la visa

la visa

el pasaporte

el pasaporte

el transporte
el transporte

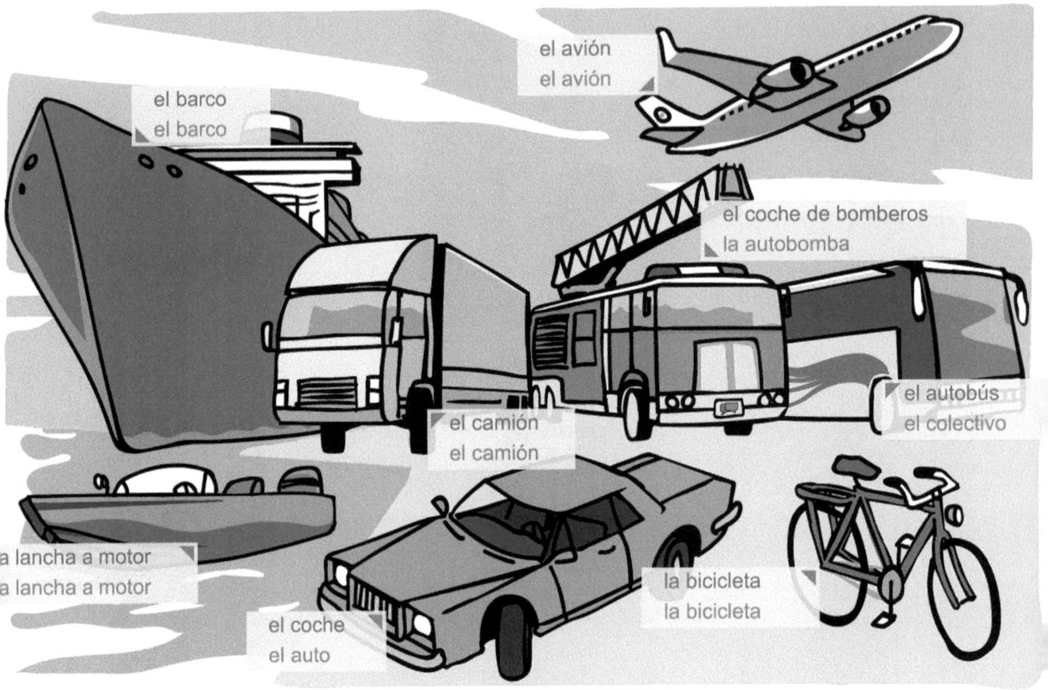
el avión
el avión
el barco
el barco
el coche de bomberos
la autobomba
el autobús
el colectivo
el camión
el camión
a lancha a motor
a lancha a motor
la bicicleta
la bicicleta
el coche
el auto

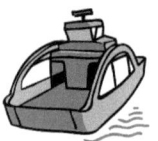

el transbordador

el ferry

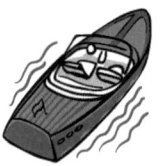

la barca

el bote

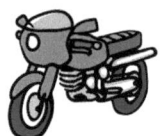

la moto

la moto

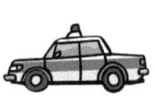

el coche de policía

el patrullero

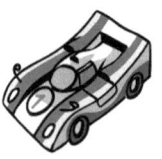

el coche de carreras

el auto de carreras

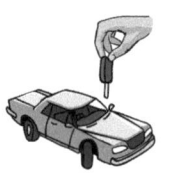

el coche de alquiler

el auto de alquiler

el préstamo de vehículos

el alquiler de autos

la grúa

la grúa

el camión de la basura

el camión de la basura

el motor

el motor

la gasolina

la nafta

la gasolinera

la estación de servicio

la señal de tráfico

la señal de tránsito

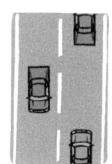

el tráfico

el tránsito

el atasco

el embotellamiento

el aparcamiento

el estacionamiento

la estación de tren

la estación de tren

las vías

las vías

el tren

el tren

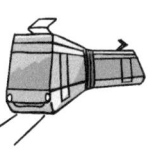

el tranvía

el tranvía

el vagón

el vagón

el helicóptero

el helicóptero

el aeropuerto

el aeropuerto

la torre

la torre

el pasajero

el pasajero

el contenedor

el contenedor

la caja de cartón

la caja de cartón

la carretilla

la carretilla

la cesta

la canasta

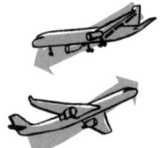

despegar / aterrizar

despegar / aterrizar

la ciudad

la ciudad

el pueblo

el pueblo

el centro de la ciudad

el centro de la ciudad

la casa

la casa

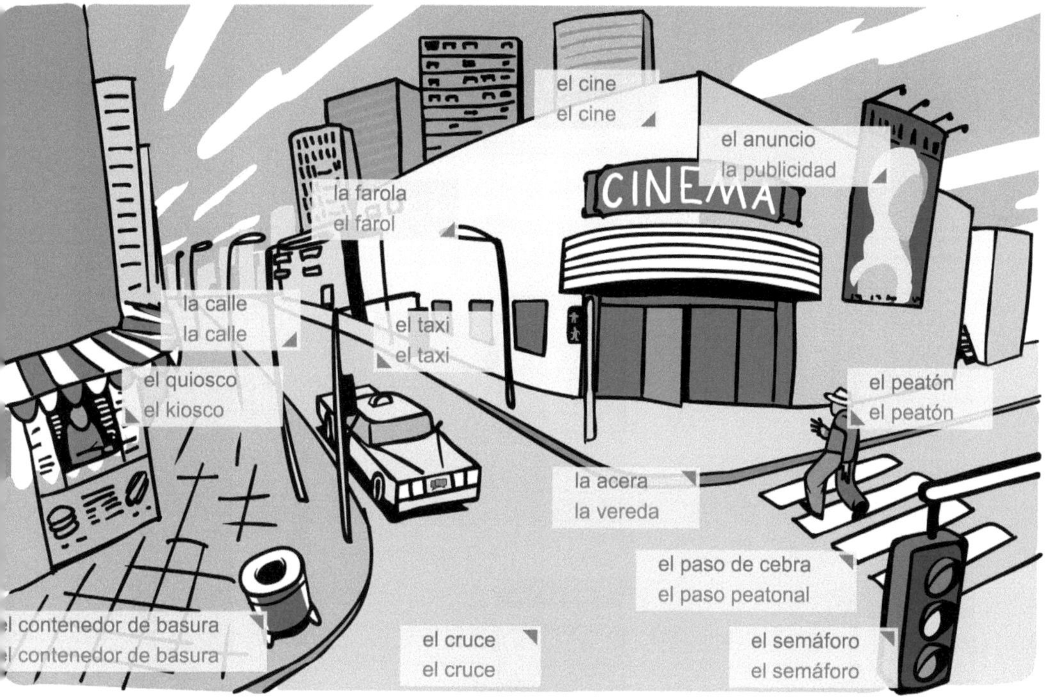

el cine
el cine

el anuncio
la publicidad

la farola
el farol

CINEMA

la calle
la calle

el taxi
el taxi

el quiosco
el kiosco

el peatón
el peatón

la acera
la vereda

el paso de cebra
el paso peatonal

el contenedor de basura
el contenedor de basura

el cruce
el cruce

el semáforo
el semáforo

la cabaña
la cabaña

el apartamento
el departamento

la estación de tren
la estación de tren

el ayuntamiento
la municipalidad

el museo
el museo

la escuela
el colegio

la universidad

la universidad

el banco

el banco

el hospital

el hospital

el hotel

el hotel

la farmacia

la farmacia

la oficina

la oficina

la librería

la librería

la tienda de campaña

el negocio

la floristería

la florería

el supermercado

el supermercado

el mercado

el mercado

los grandes almacenes

las grandes tiendas

la pescadería

la pescadería

el centro comercial

el centro comercial

el puerto

el puerto

el parque

el parque

el banco

el banco

el puente

el puente

las escaleras

las escaleras

el metro

el subte

el túnel

el túnel

la parada de autobús

la parada del colectivo

el bar

el bar

el restaurante

el restaurante

el buzón

el buzón

el poste indicador

el letrero

el parquímetro

el parquímetro

el zoo

el zoológico

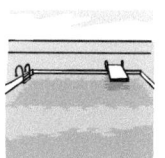

la piscina

la pileta

la mezquita

la mezquita

la granja

la granja

la contaminación

la contaminación

el cementerio

el cementerio

la iglesia

la iglesia

el patio de juego

los juegos infantiles

el templo

el templo

el paisaje
el paisaje

la hoja
la hoja

la señal
el poste indicador

el camino
el camino

el prado
la pradera

la piedra
la piedra

el árbol
el árbol

el excursionista
el excursionista

el río
el río

la hierba
la hierba

la flor
la flor

el valle

el valle

la colina

la montaña

el lago

el lago

el bosque

el bosque

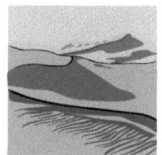

el desierto

el desierto

el volcán

el volcán

el castillo

el castillo

el arcoíris

el arco iris

el champiñón

el champiñón

la palmera

la palmera

el mosquito

el mosquito

la mosca

la mosca

la hormiga

la hormiga

la abeja

la abeja

la araña

la araña

el escarabajo

el escarabajo

la rana

la rana

la ardilla

la ardilla

el erizo

el erizo

la liebre

la liebre

la lechuza

la lechuza

el pájaro

el pájaro

el cisne

el cisne

el jabalí

el jabalí

el ciervo

el ciervo

el alce

el alce

la presa

la presa

la turbina eólica

el aerogenerador

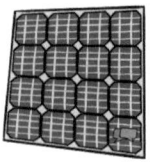

el panel solar

el panel solar

el clima

el clima

el restaurante

el restaurante

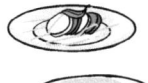

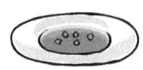

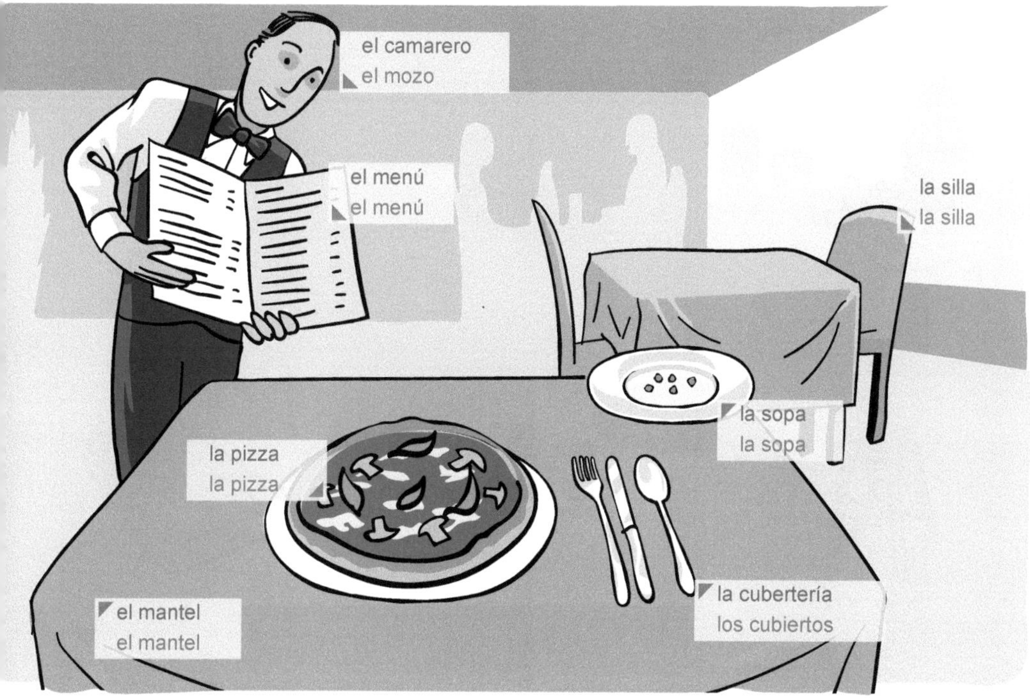
el camarero
el mozo
el menú
el menú
la silla
la silla
la sopa
la sopa
la pizza
la pizza
el mantel
el mantel
la cubertería
los cubiertos

el primer plato

la entrada

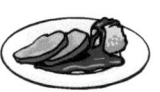

el plato principal

el plato principal

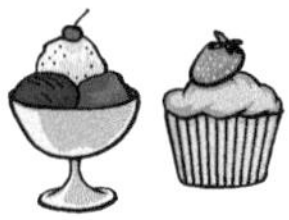

el postre

el postre

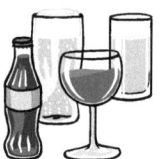

las bebidas

las bebidas

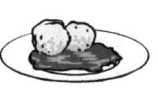

la comida

la comida

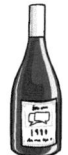

la botella

la botella

la comida rápida

la comida rápida

la comida callejera

la comida callejera

la tetera

la tetera

el azucarero

la azucarera

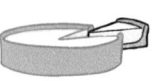

la porción

la porción

la cafetera expreso

la cafetera expreso

la trona

la sillita alta

la cuenta

la cuenta

la bandeja

la bandeja

el cuchillo

el cuchillo

el tenedor

el tenedor

la cuchara

la cuchara

la cucharilla

la cucharita

la servilleta

la servilleta

el vaso

el vaso

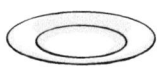

el plato

el plato

el plato hondo

el plato hondo

el platillo

el plato

la salsa

la salsa

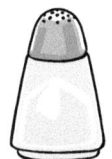

el salero

el salero

el molinillo de pimienta

el molinillo de pimienta

el vinagre

el vinagre

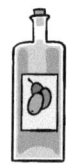

el aceite

el aceite

las especias

las especias

el ketchup

el kétchup

la mostaza

la mostaza

la mayonesa

la mayonesa

el supermercado
el supermercado

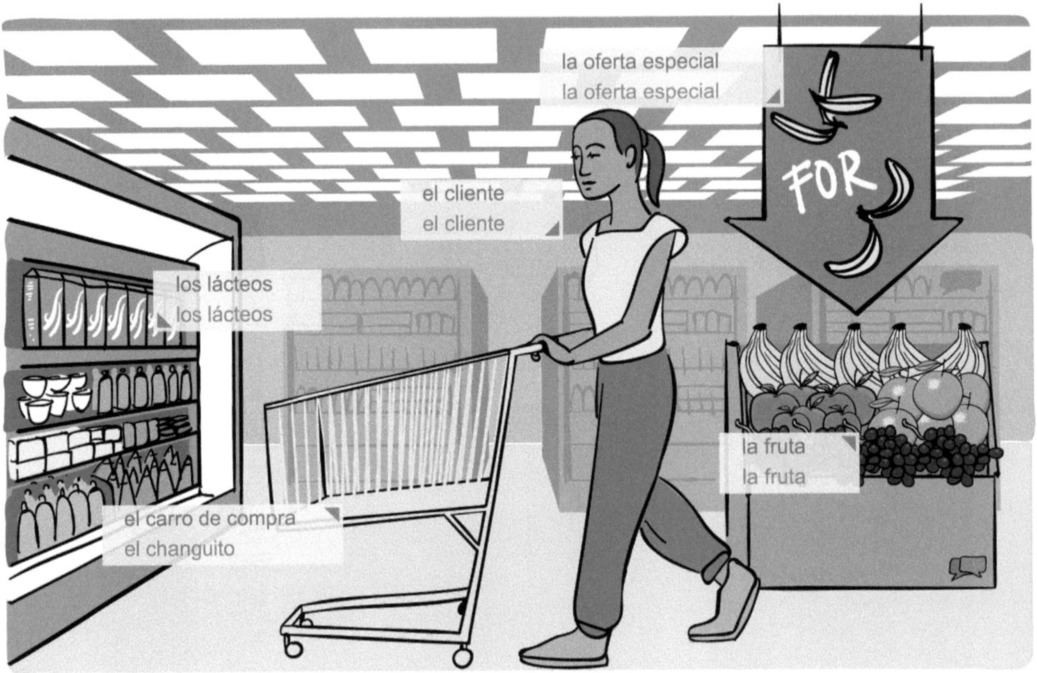

la oferta especial
la oferta especial
FOR
el cliente
el cliente
los lácteos
los lácteos
la fruta
la fruta
el carro de compra
el changuito

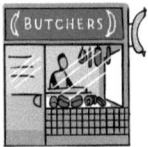

BUTCHERS

la carniceria

la carnicería

BAKERY

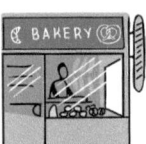

la panadería

la panadería

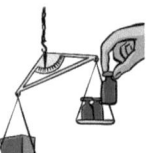

pesar

pesar

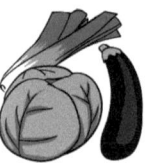

las verduras

las verduras

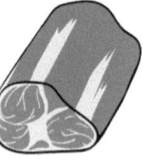

la carne

la carne

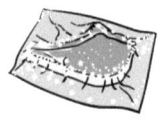

los alimentos congelados

los alimentos congelados

los fiambres
los fiambres

las conservas
los alimentos enlatados

el detergente en polvo
el detergente en polvo

los dulces
las golosinas

productos de uso doméstico
los electrodomésticos

productos de limpieza
los productos de limpieza

la vendedora
la vendedora

la caja de cartón
la caja

el cajero
el cajero

la lista de la compra
la lista de compras

el horario de atención al público
el horario de atención

la cartera
la billetera

la tarjeta de crédito
la tarjeta de crédito

la bolsa de plástico
la cartera

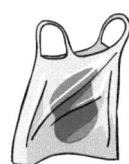

la bolsa de plástico
la bolsa de plástico

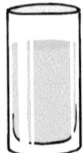

el agua

el agua

el zumo

el jugo

la leche

la leche

la cola

la bebida cola

el vino

el vino

la cerveza

la cerveza

el alcohol

el alcohol

el cacao

el cacao

el té

el té

el café

el café

el expreso

el café expreso

el capuchino

el cappuccino

el plátano

la banana

la manzana

la manzana

la naranja

la naranja

el melón

el melón

el limón

el limón

la zanahoria

la zanahoria

el ajo

el ajo

el bambú

el bambú

la cebolla

la cebolla

el champiñón

el champiñón

las avellanas

las nueces

los fideos

los fideos

las espagueti

los tallarines

el arroz

el arroz

la ensalada

la ensalada

las patatas fritas

las papas fritas

las patatas fritas

las papas fritas

la pizza

la pizza

la hamburguesa

la hamburguesa

el sándwich

el sándwich

el filete

el churrasco

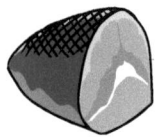

el jamón

el jamón

le salami

el salame

la salchicha

la salchicha

el pollo

el pollo

el asado

el asado

el pescado

el pescado

los copos de avena

los copos de avena

el muesli

el muesli

los copos de maíz

los copos de maíz

la harina

la harina

el cruasán

la medialuna

el panecillo

el pancito

el pan

el pan

la tostada

la tostada

las galletas

las galletitas

la mantequilla

la manteca

la cuajada

la cuajada

el pastel

la torta

el huevo

el huevo

el huevo frito

el huevo frito

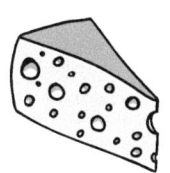

el queso

el queso

el helado

el helado

el azúcar

el azúcar

la miel

la miel

la mermelada

la mermelada

la crema de turrón

la pasta de chocolate

el curry

el curry

la granja
la granja

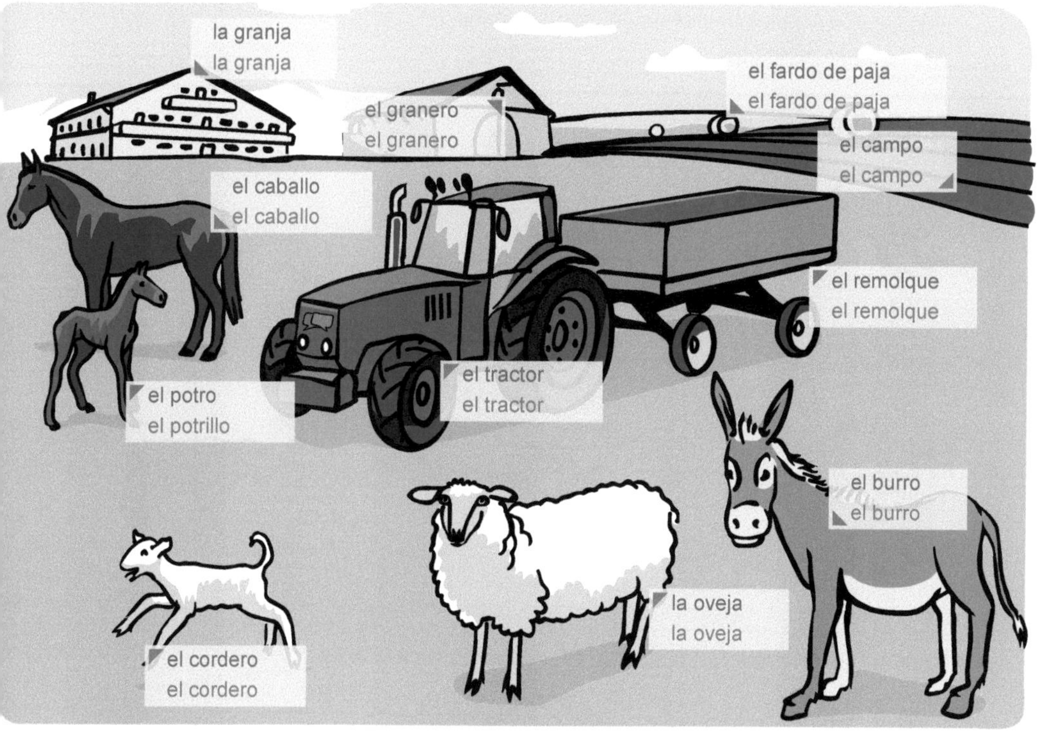

la granja
la granja
el granero
el granero
el fardo de paja
el fardo de paja
el campo
el campo
el caballo
el caballo
el remolque
el remolque
el tractor
el tractor
el potro
el potrillo
el burro
el burro
la oveja
la oveja
el cordero
el cordero

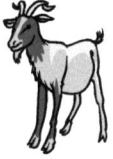

la cabra

la cabra

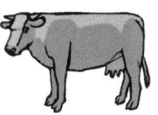

la vaca

la vaca

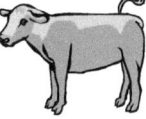

el ternero

el ternero

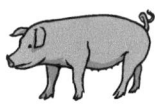

el cerdo

el cerdo

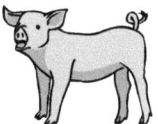

el cerdito

el lechón

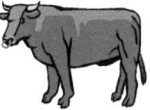

el toro

el toro

el ganso

el ganso

el pato

el pato

el pollo

el pollo

la gallina

la gallina

el gallo

el gallo

la rata

la rata

el gato

el gato

el ratón

el ratón

el buey

el buey

el perro

el perro

la perrera

la cucha

la manguera

la manguera

la regadera

la regadera

la guadaña

la guadaña

el arado

el arado

la hoz

la hoz

la azada

la azada

la horca

la horquilla

el hacha

el hacha

la carretilla

la carretilla

el abrevadero

el abrevadero

la lechera

la lechera

el saco

la bolsa

la valla

la reja

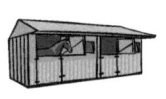

el establo

el establo

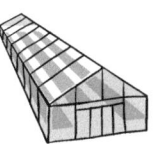

el invernadero

el invernadero

el suelo

el suelo

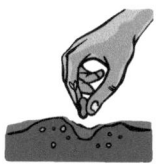

la semilla

la semilla

el fertilizador

el fertilizador

la cosechadora

la cosechadora

cosechar
cosechar

la cosecha
la cosecha

el ñame
las batatas

el trigo
el trigo

el soja
la soja

la patata
la papa

el maíz
el maíz

la semilla de colza
la semilla de colza

el árbol frutal
el árbol frutal

la mandioca
la mandioca

las cereales
los cereales

la casa

la chimenea
la chimenea

el tejado
el techo

el canalón
el caño de desagüe

la ventana
la ventana

el garaje
el garaje

el timbre
el timbre

la puerta
la puerta

el cubo de basura
el tacho de basura

el buzón
el buzón

el jardín
el jardín

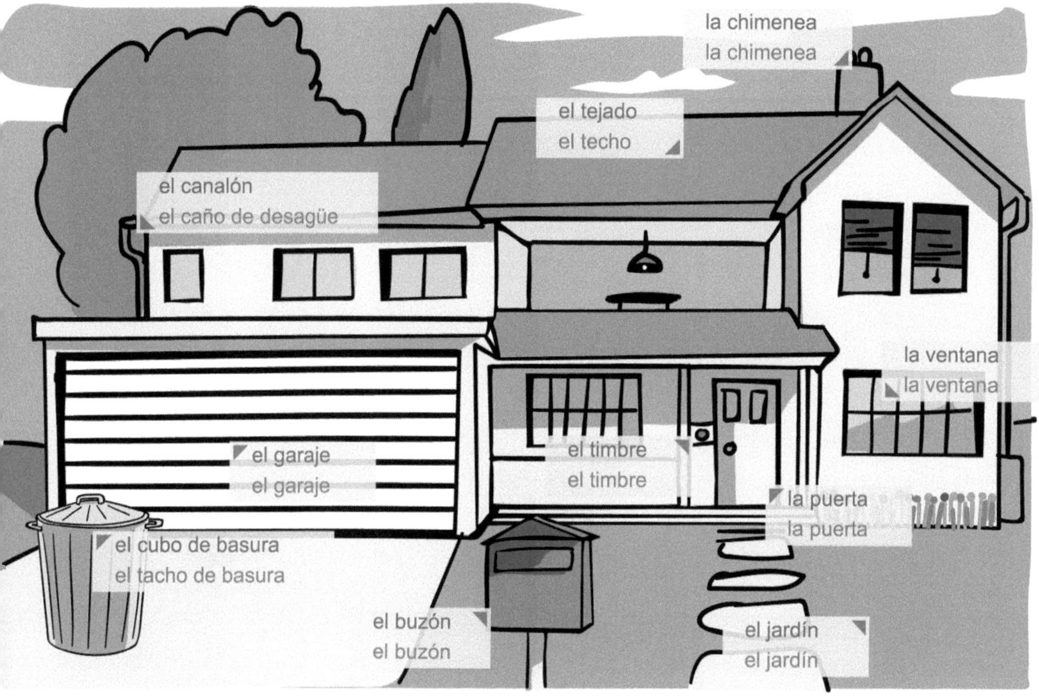

la sala
....
el living

el cuarto de baño
....
el baño

la cocina
....
la cocina

el dormitorio
....
el dormitorio

la habitación de los niños
....
el cuarto de los chicos

el comedor
....
el comedor

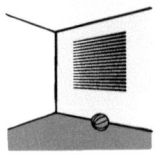

el suelo

el piso

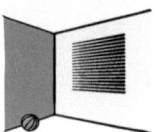

la pared

la pared

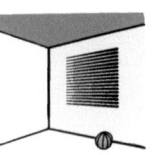

el techo

el cielorraso

el sótano

el sótano

la sauna

el sauna

el balcón

el balcón

la terraza

la terraza

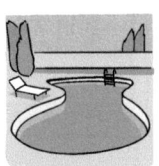

la piscina

la pileta

el cortacésped

la cortadora de pasto

la sábana

la sábana

la colcha

el acolchado

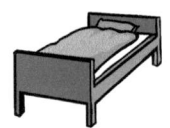

la cama

la cama

la escoba

la escoba

el balde

el balde

el interruptor

el interruptor

la sala
el living

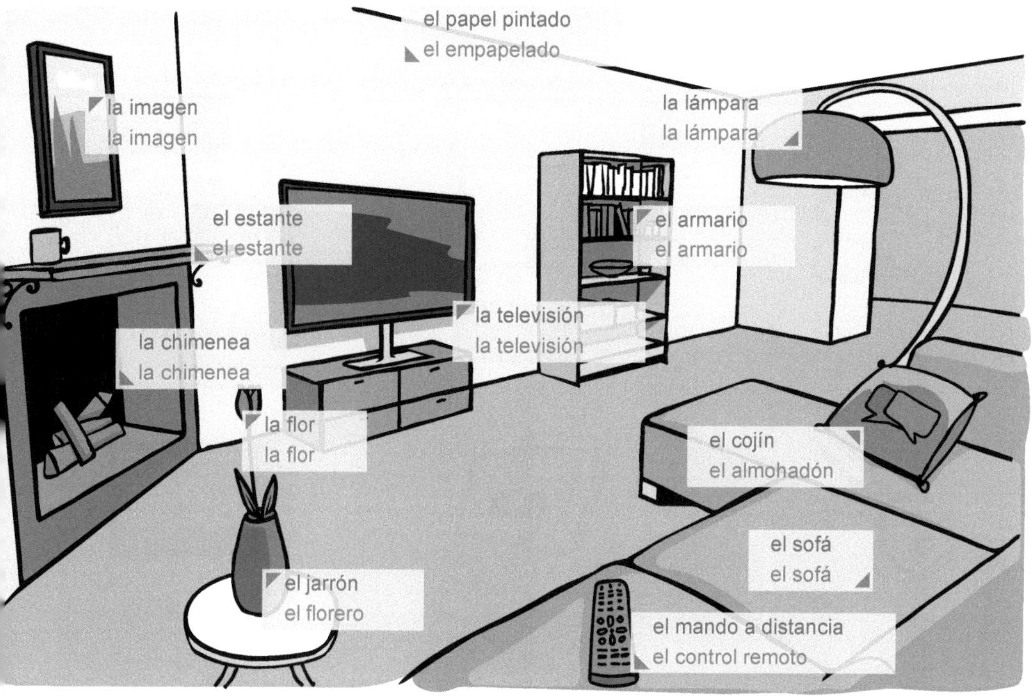
el papel pintado
el empapelado
la imagen
la imagen
la lámpara
la lámpara
el estante
el estante
el armario
el armario
la televisión
la televisión
la chimenea
la chimenea
la flor
la flor
el cojín
el almohadón
el sofá
el sofá
el jarrón
el florero
el mando a distancia
el control remoto

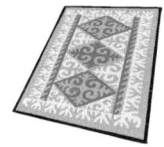

la alfombra
la alfombra

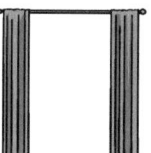

la cortina
la cortina

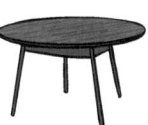

la mesa
la mesa

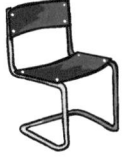

la silla
la silla

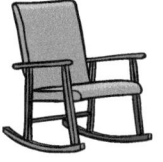

el mecedora
la mecedora

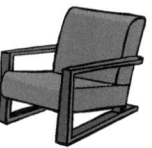

la butaca
el sillón

el libro

el libro

la manta

la frazada

la decoración

la decoración

la leña

la leña

la película

la película

el equipo de música

el equipo de música

la llave

la llave

el periódico

el diario

la pintura

la pintura

el póster

el póster

la radio

la radio

el cuaderno

el cuaderno

la aspiradora

la aspiradora

el cactus

el cactus

la vela

la vela

la cocina
la cocina

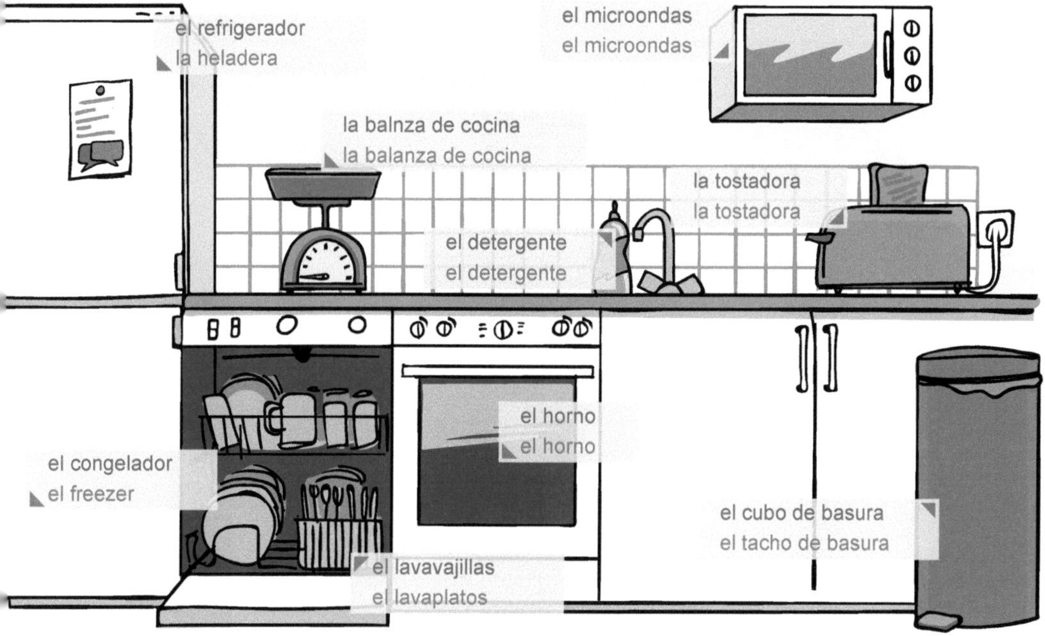
el refrigerador
la heladera
el microondas
el microondas
la balnza de cocina
la balanza de cocina
la tostadora
la tostadora
el detergente
el detergente
el horno
el horno
el congelador
el freezer
el cubo de basura
el tacho de basura
el lavavajillas
el lavaplatos

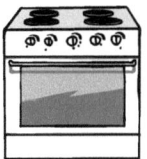

la olla a presión
....
la cocina

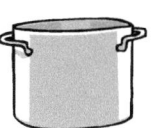

la olla
....
la olla

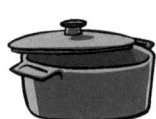

la olla de hierro fundido
....
la olla de hierro fundido

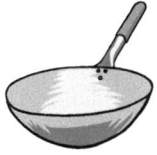

el wok
....
el wok

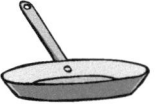

la cazuela
....
la sartén

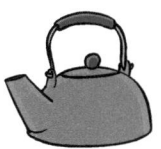

el hervidor
....
la pava

la vaporera

la vaporera

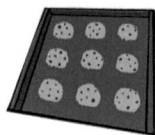

la chapa de horno

la bandeja de horno

la vajilla

la vajilla

la taza

la taza

el tazón

el bol

los palillos

los palitos

el cucharón

el cucharón

la espumadera

la espátula

el batidor

la batidora

el colador

el colador

el cedazo

el colador

el rallador

el rallador

el mortero

el mortero

la barbacoa

la parrilla

la hoguera

la fogata

la tabla de picar

la tabla de picar

el rodillo

el palo de amasar

el sacacorchos

el sacacorchos

la lata

la lata

el abrelatas

el abrelatas

el agarrador

la manopla

el lavabo

la pileta

el cepillo

el cepillo

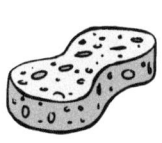

la esponja

la esponja

la batidora

la batidora

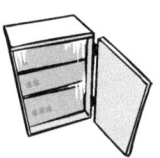

el congelador

el congelador

el biberón

la mamadera

el grifo

la canilla

el cuarto de baño

el baño

la ducha
la ducha
la calefacción
la calefacción
la toalla
la toalla
la cortina de la ducha
la cortina de la ducha
el baño de espuma
el baño de espuma
la bañera
la bañadera
el vaso
el vaso
la lavadora
el lavarropas
el grifo
la canilla
las baldosas
las baldosas
el orinal
la pelela
el lavabo
la pileta

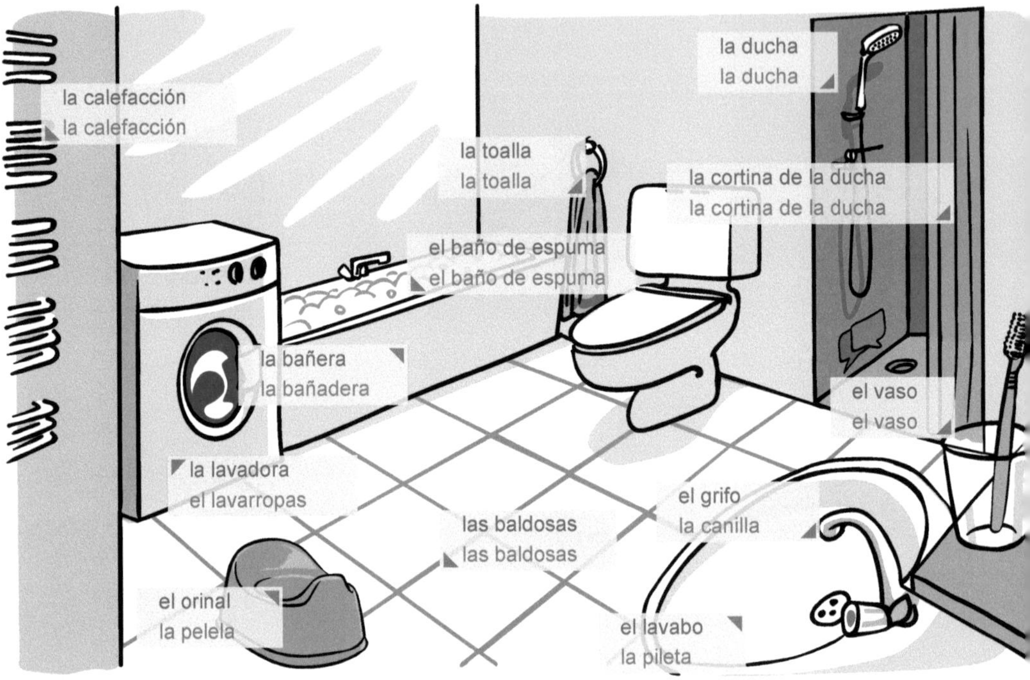

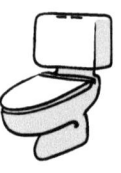

el inodoro

el inodoro

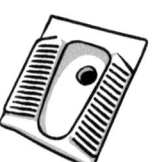

el inodoro rústico

la letrina

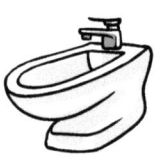

el bidé

el bidé

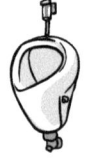

el urinario

el mingitorio

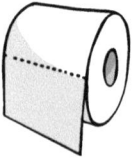

el papel higiénico

el papel higiénico

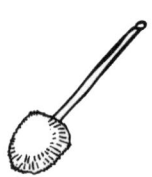

la escobilla del váter

el cepillo para el inodoro

el cepillo de dientes

el cepillo de dientes

la pasta de dientes

el dentífrico

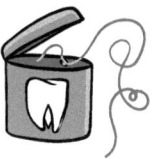

el hilo dental

el hilo dental

lavar

lavar

la ducha de mano

la ducha de mano

la ducha íntima

la ducha higiénica

la pila

la palangana

el cepillo de espalda

el cepillo para la espalda

el jabón

el jabón

el gel de ducha

el gel de ducha

el champú

el shampoo

la toallita

la toallita

el desagüe

el desagüe

la crema

la crema

el desodorante

el desodorante

el espejo
el espejo

el espejo de tocador
el espejito

la maquinilla de afeitar
la maquinita de afeitar

la espuma de afeitar
la espuma de afeitar

la loción postafeitado
el aftershave

el peine
el peine

el cepillo
el cepillo

el secador
el secador de pelo

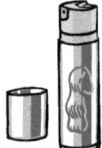

la laca
el spray

el maquillaje
el maquillaje

el pintalabios
el lápiz de labios

el pintauñas
el esmalte para uñas

el algodón
el algodón

el cortauñas
la tijera para uñas

el perfume
el perfume

el estuche de viaje

el portacosméticos

la banqueta

la banqueta

la balanza

la balanza

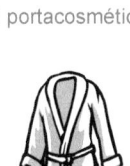

el albornoz

la bata

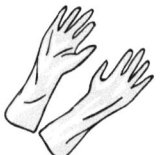

los guantes de goma

los guantes de goma

el tampón

el tampón

la compresa

la toallita femenina

el inodoro químico

el baño químico

la habitación de los niños
el cuarto de los chicos

el despertador
el despertador
el peluche
el peluche
el coche de juguete
el coche de juguete
el sonajero
el sonajero
la casa de muñecas
la casa de muñecas
el regalo
el regalo

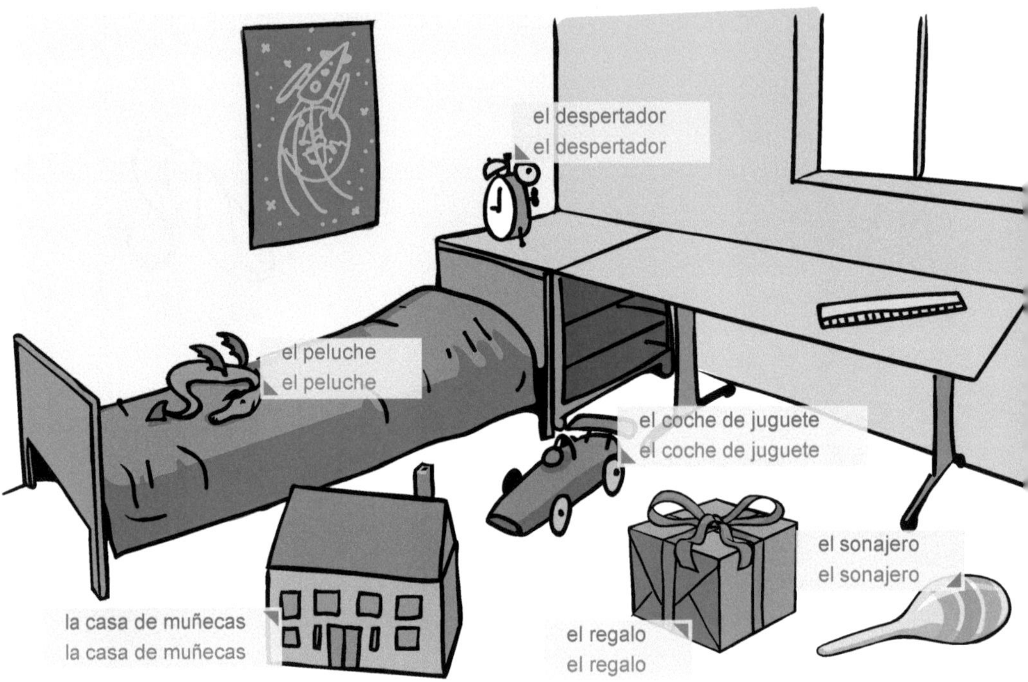

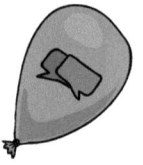

el globo
el globo

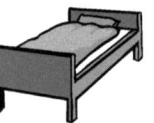

la cama
la cama

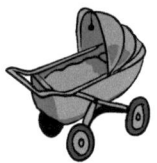

el coche de niño
el cochecito

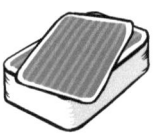

los naipes
las cartas

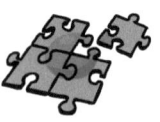

el puzle
el rompecabezas

SUPER
MEGA
el tebeo
la historieta

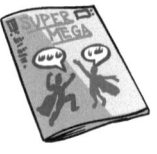

las piezas de lego

las piezas de lego

los bloques de juguete

los ladrillos de juguete

la figura de acción

la figura de acción

el bodi (de bebé)

el enterito (de bebé)

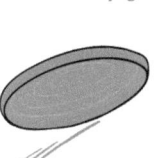

el frisbee

el frisbee

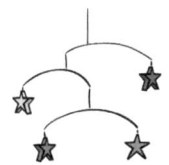

el colgador móvil para bebés

el móvil para bebés

el juego de mesa

el juego de mesa

los dados

los dados

el circuito de tren eléctrico

el tren eléctrico

el maniquí

el chupete

la fiesta

la fiesta

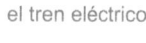

el álbum de fotos

el libro de cuentos ilustrado

la pelota

la pelota

la muñeca

la muñeca

jugar

jugar

el cajón de arena

el arenero

el columpio

la hamaca

los juguetes

los juguetes

la videoconsola

la consola de videojuegos

el triciclo

el triciclo

el oso de peluche

el osito de peluche

la guardarropa

el armario

la ropa

la ropa

los calcetines

las medias

las medias

las medias panty

los leotardos

las calzas

la bufanda
la bufanda

el paraguas
el paraguas

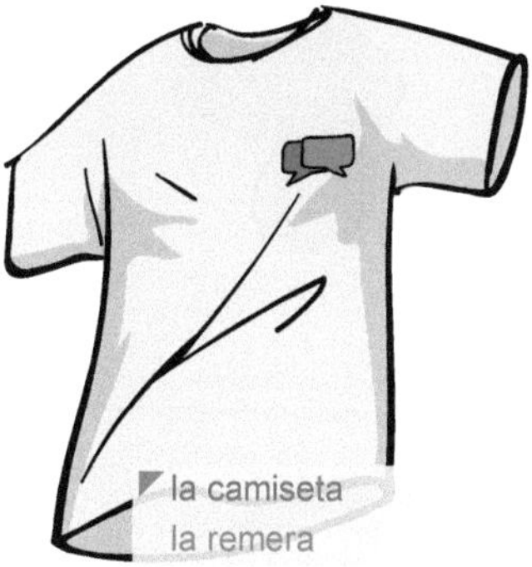

la camiseta
la remera

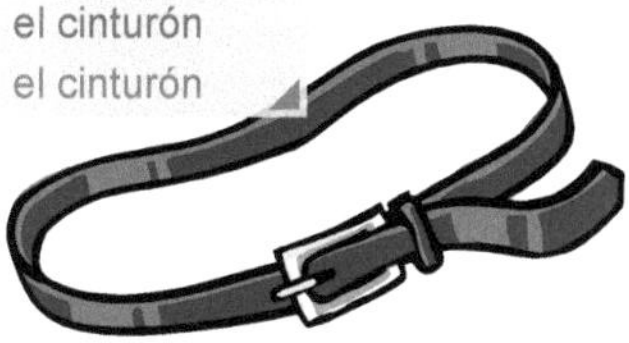

el cinturón
el cinturón

las botas
las botas

las zapatillas
las pantuflas

las deportivas
las zapatillas

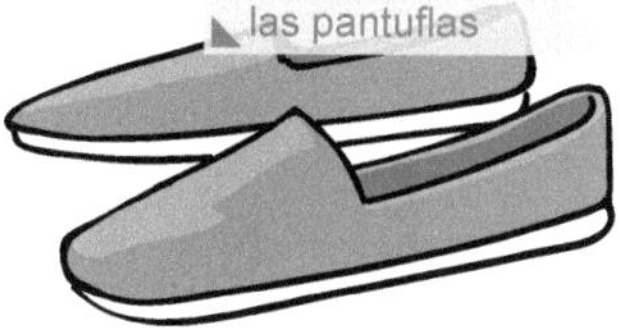

las sandalias
las sandalias

los zapatos
los zapatos

las botas de goma
las botas de goma

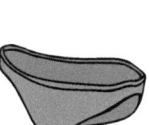

el slip
la ropa interior

el sostén
el corpiño

el chaleco
el chaleco

el bodi

el body

los pantalones cortos

los pantalones

los vaqueros

los jeans

la falda

la pollera

la blusa

la blusa

la camisa

la camisa

el jersey

el pulóver

el suéter

el buzo

el blazer

el blazer

la chaqueta

la campera

el abrigo

el tapado

la gabardina

el piloto

el traje

el traje

el vestido

el vestido

el vestido de novia

el vestido de novia

el traje

el traje

el camisón

el camisón

el pijama

el pijama

el sati

el sari

el bandana

el pañuelo para la cabeza

el turbante

el turbante

la burka

la burka

el caftán

el caftán

la abaya

la abaya

el traje de baño

el traje de baño

el bañador

el short de baño

los pantalones cortos

los shorts

el chándal

el jogging

el delantal

el delantal

los guantes

los guantes

el botón

el botón

las gafas

los anteojos

el brazalete

la pulsera

el collar

el collar

el anillo

el anillo

el pendiente

el aro

la gorra

la gorra

la percha

la percha

el sombrero

el sombrero

la corbata

la corbata

la cremallera

el cierre

el casco

el casco

los tirantes

los tiradores

el uniforme

el uniforme escolar

el uniforme

el uniforme

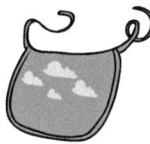

el babero

el babero

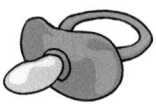

el maniquí

el chupete

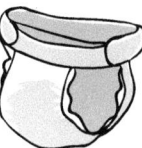

el pañal

el pañal

la oficina

la oficina

el servidor
el servidor
el archivo
el archivero
la impresora
la impresora
el papel
el papel
el monitor
el monitor
el escritoria
el escritorio
el ratón
el mouse
la carpeta
la carpeta
el teclado
el teclado
la papelera
el tacho (de basura)
el ordenador
la computadora
la silla
la silla

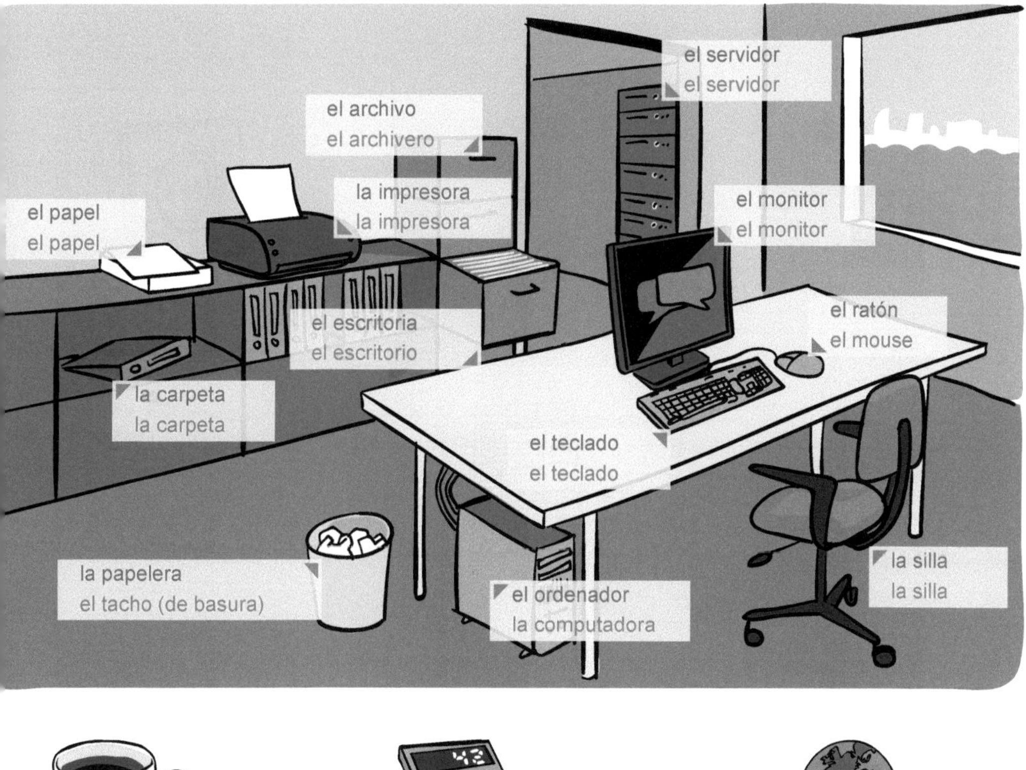

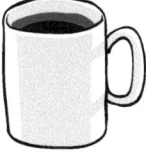

la taza de café

la taza de café

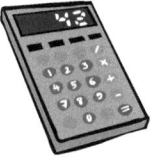

la calculadora

la calculadora

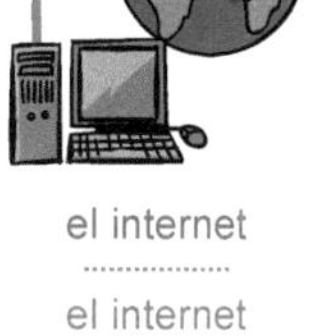

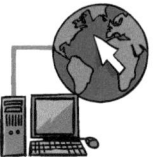

el internet

el internet

el portátil

la laptop

la carta

la carta

el mensaje

el mensaje

el móvil

el celular

la red

la red

la fotocopiadora

la fotocopiadora

el software

el software

el teléfono

el teléfono

la toma de corriente

el tomacorriente

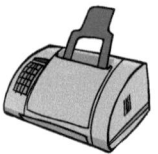

el fax

el fax

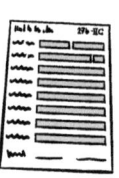

el formulario

el formulario

el documento

el documento

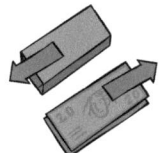

comprar

comprar

pagar

pagar

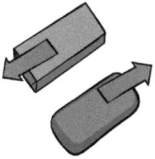

comerciar

hacer negocios

el dinero

el dinero

el dólar

el dólar

el euro

el euro

el yen

el yen

el rublo

el rublo

el franco suizo

el franco suizo

el renminbi yuan

el yuan

la rupia

la rupia

el cajero automático

el cajero automático

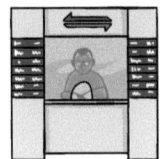

la oficina de cambio de
divisas
....
la casa de cambio

el oro
....
el oro

la plata
....
la plata

el petróleo
....
el petróleo

la energía
....
la energía

el precio
....
el precio

el contrato
....
el contrato

el impuesto
....
el impuesto

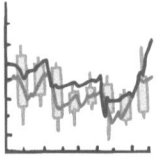

la acción
....
la acción

trabajar
....
trabajar

el empleador
....
el empleado

el empleador
....
el empleador

la fábrica
....
la fábrica

la tienda de campaña
....
el negocio

los oficios
las ocupaciones

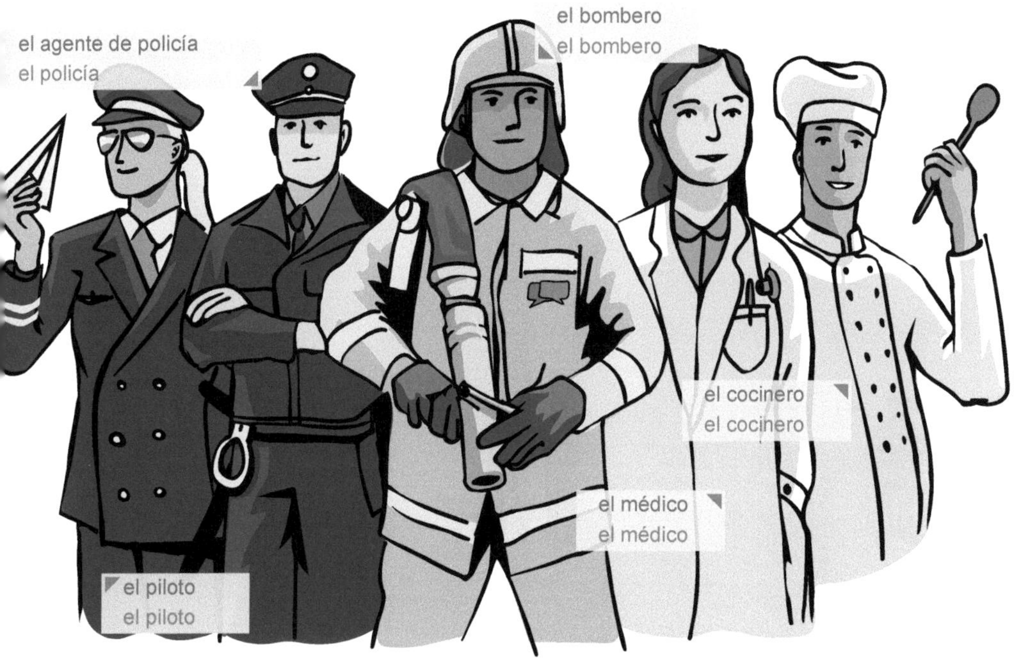
el agente de policía
el policía
el bombero
el bombero
el cocinero
el cocinero
el médico
el médico
el piloto
el piloto

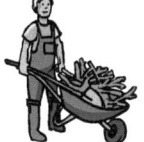

el jardinero

el jardinero

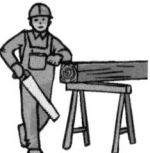

el carpintero

el carpintero

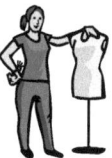

la costurera

la modista

el juez

el juez

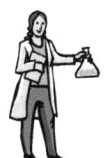

el farmacéutico

el farmacéutico

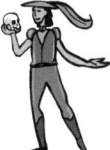

el actor

el actor

el conductor de autobús

el colectivero

el taxista

el taxista

el pescador

el pescador

la señora de la limpieza

la mucama

el techador

el techista

el camarero

el mozo

el cazador

el cazador

el pintor

el pintor

el panadero

el panadero

el electricista

el electricista

el obrero

el albañil

el ingeniero

el ingeniero

el carnicero

el carnicero

el fontanero

el plomero

el cartero

el cartero

el soldado

el soldado

el arquitecto

el arquitecto

el cajero

el cajero

el florista

el florista

el peluquero

el peluquero

el revisor

el cobrador

el mecánico

el mecánico

el capitán

el capitán

el dentista

el dentista

el científico

el científico

el rabino

el rabino

el imán

el imán

el monje

el monje

el sacerdote

el sacerdote

las herramientas

las herramientas

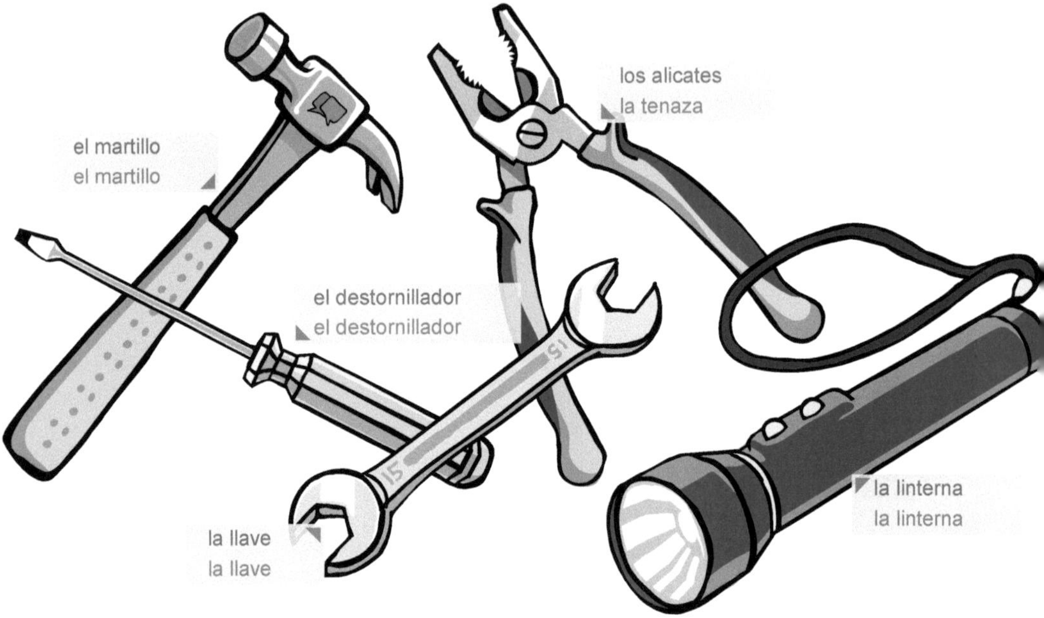
los alicates
la tenaza
el martillo
el martillo
el destornillador
el destornillador
la linterna
la linterna
la llave
la llave

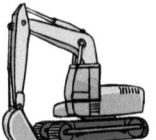

la excavadora

la excavadora

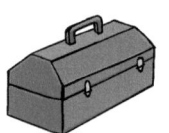

la caja de herramientas

la caja de herramientas

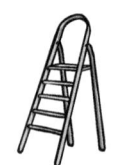

la escalera de mano

la escalera portátil

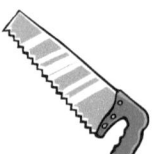

la sierra

la sierra

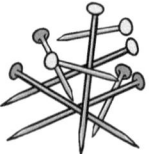

los clavos

los clavos

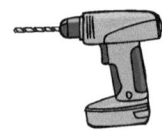

el taladro

el taladro

reparar
arreglar

la pala
la pala de jardín

¡Maldita sea!
¡Qué bronca!

el recogedor
la pala de plástico

el bote de pintura
el tacho de pintura

los tornillos
los tornillos

los instrumentos musicales

los instrumentos musicales

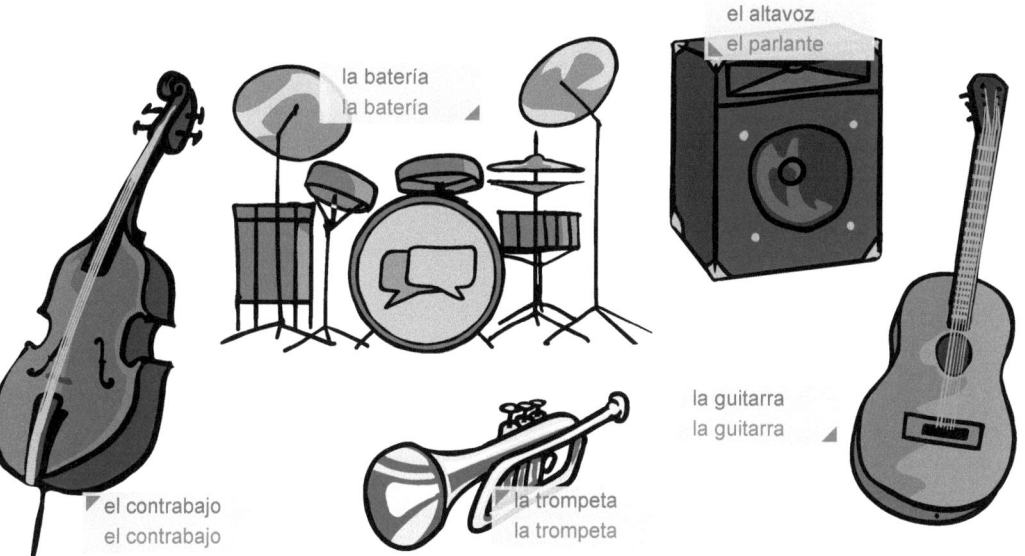

el altavoz
el parlante

la batería
la batería

el contrabajo
el contrabajo

la trompeta
la trompeta

la guitarra
la guitarra

el piano

el piano

el violín

el violín

bajo

el bajo

los timbales

los timbales

el tambor

el tambor

el teclado

el teclado

el saxofón

el saxofón

la flauta

la flauta

el micrófono

el micrófono

el zoo
el zoológico

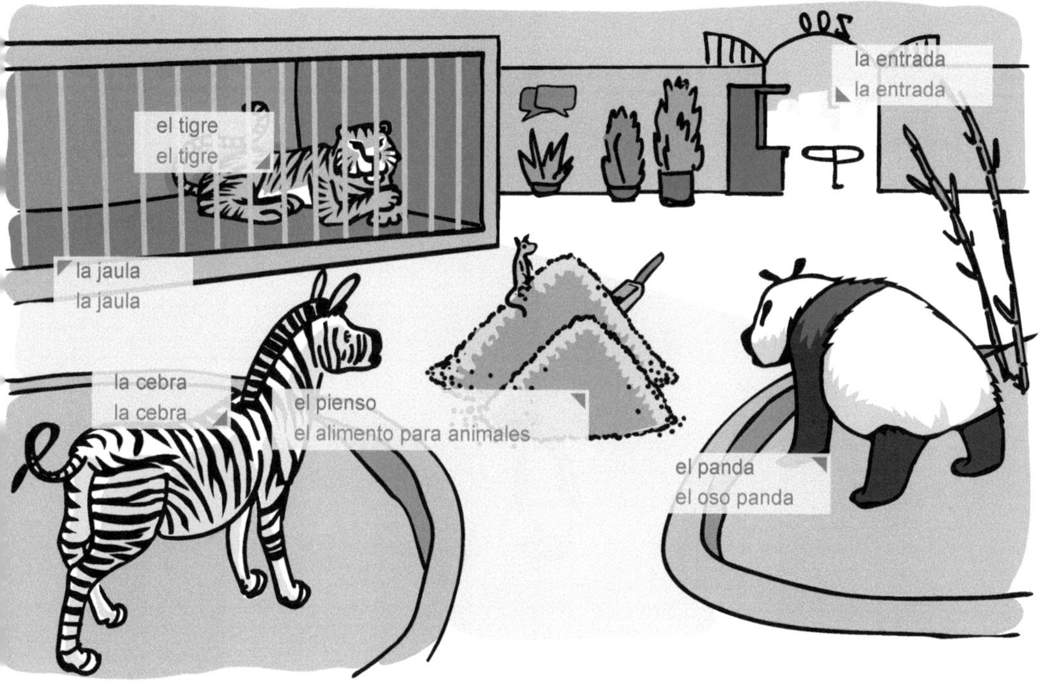

la entrada
la entrada
el tigre
el tigre
la jaula
la jaula
la cebra
la cebra
el pienso
el alimento para animales
el panda
el oso panda

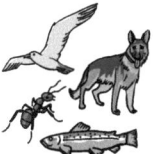

los animales

los animales

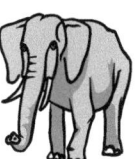

el elefante

el elefante

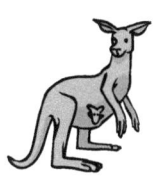

el canguro

el canguro

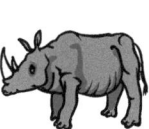

el rinoceronte

el rinoceronte

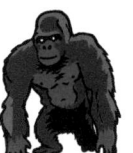

el gorila

el gorila

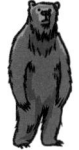

el oso

el oso

el camello

el camello

el avestruz

el avestruz

el león

el león

el mono

el mono

el flamingo

el flamenco

el loro

el loro

el oso polar

el oso polar

el pingüino

el pingüino

el tiburón

el tiburón

el pavo real

el pavo real

la serpiente

la serpiente

el cocodrilo

el cocodrilo

el guardián de zoológico

el cuidador del zoológico

la foca

la foca

el jaguar

el jaguar

el poni

el poni

el leopardo

el leopardo

el hipopótamo

el hipopótamo

la jirafa

la jirafa

el águila

el águila

el jabalí

el jabalí

el pescado

el pescado

la tortuga

la tortuga

la morsa

la morsa

el zorro

el zorro

la gacela

la gacela

el fútbol americano
el fútbol americano

el ciclismo
el ciclismo

el tenis
el tenis

el baloncesto
el básquet

la natación
la natación

el hockey sobre hielo
el hockey sobre hielo

el boxeo
el boxeo

el fútbol
el fútbol

el bádminton
el bádminton

el atletismo
el atletismo

el balonmano
el handball

el esquí
el esquí

el polo
el polo

las actividades

las actividades

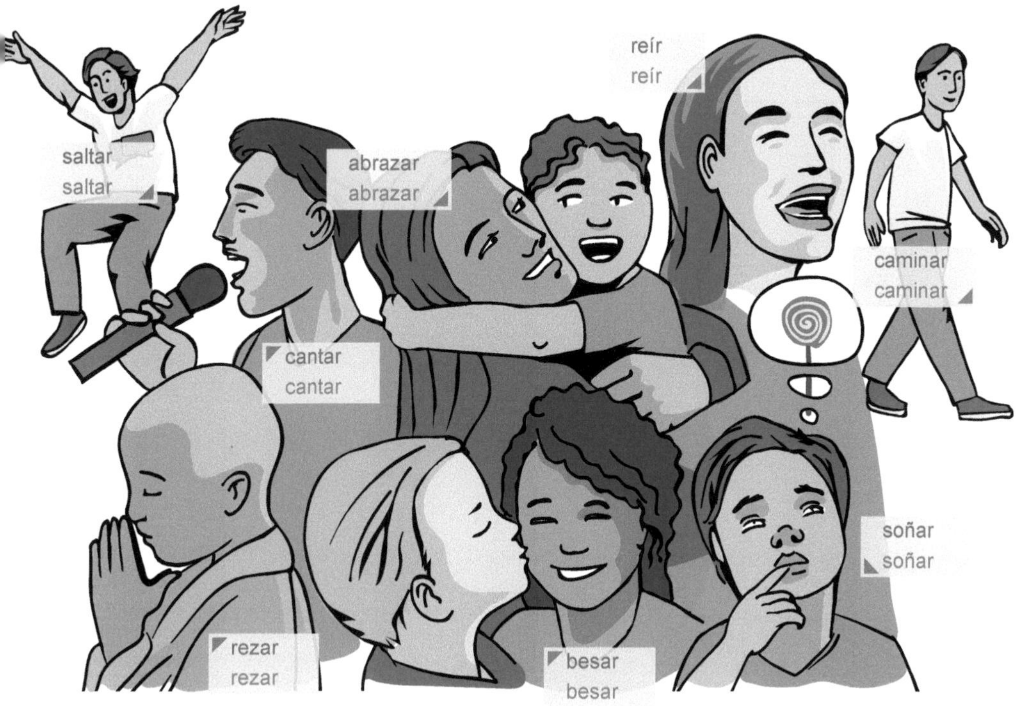
reír
reír
saltar
saltar
abrazar
abrazar
caminar
caminar
cantar
cantar
soñar
soñar
rezar
rezar
besar
besar

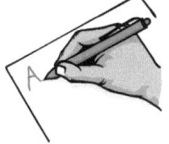

escribir

escribir

dibujar

dibujar

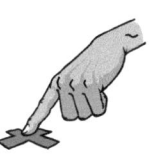

mostrar

mostrar

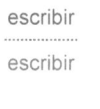

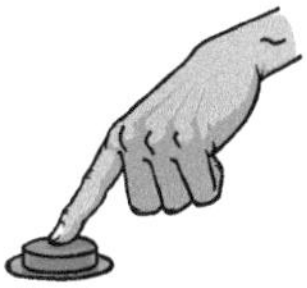

empujar

presionar

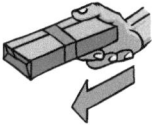

dar

dar

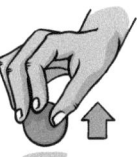

tomar

tomar

tener

tener

hacer

hacer

ser

ser

estar de pie

estar parado

correr

correr

tirar

tirar

tirar

tirar

caer

caer

yacer

estar acostado

esperar

esperar

llevar

llevar

estar sentado

estar sentado

vestirse

vestirse

dormir

dormir

despertar

despertar

mirar

mirar

llorar

llorar

acariciar

acariciar

peinar

peinar

hablar

hablar

entender

entender

preguntar

preguntar

escuchar

escuchar

beber

beber

comer

comer

ordenar

ordenar

amar

amar

cocinar

cocinar

conducir

manejar

volar

volar

navegar

navegar

calcular

calcular

leer

leer

aprender

aprender

trabajar

trabajar

casarse

casarse

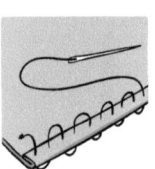

coser

coser

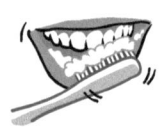

cepillarse los dientes

cepillarse los dientes

matar

matar

fumar

fumar

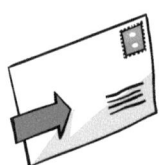

enviar

enviar

la familia

la familia

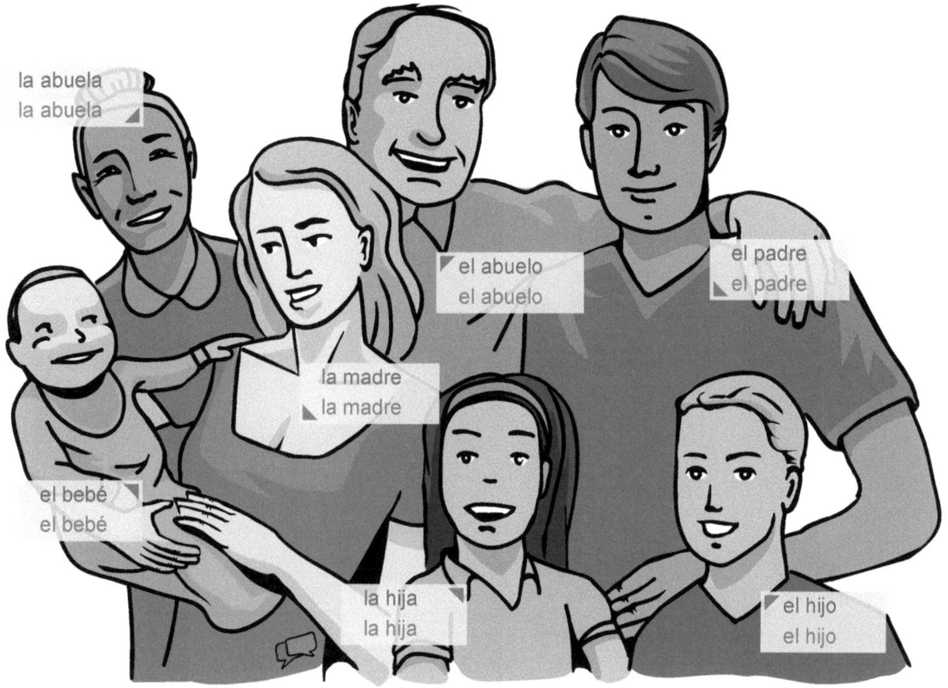
la abuela
la abuela
el abuelo
el abuelo
el padre
el padre
la madre
la madre
el bebé
el bebé
la hija
la hija
el hijo
el hijo

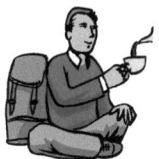

el invitado

el invitado

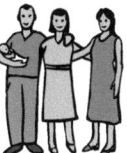

la tía

la tía

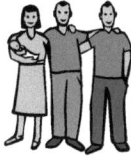

el tío

el tío

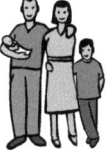

el hermano

el hermano

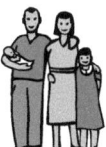

la hermana

la hermana

el cuerpo
el cuerpo

la frente
la frente
el ojo
el ojo
el hombro
el hombro
el dedo
el dedo
la cara
la cara
la barbilla
la pera
la mano
la mano
la pierna
la pierna
el pecho
el pecho
el brazo
el brazo

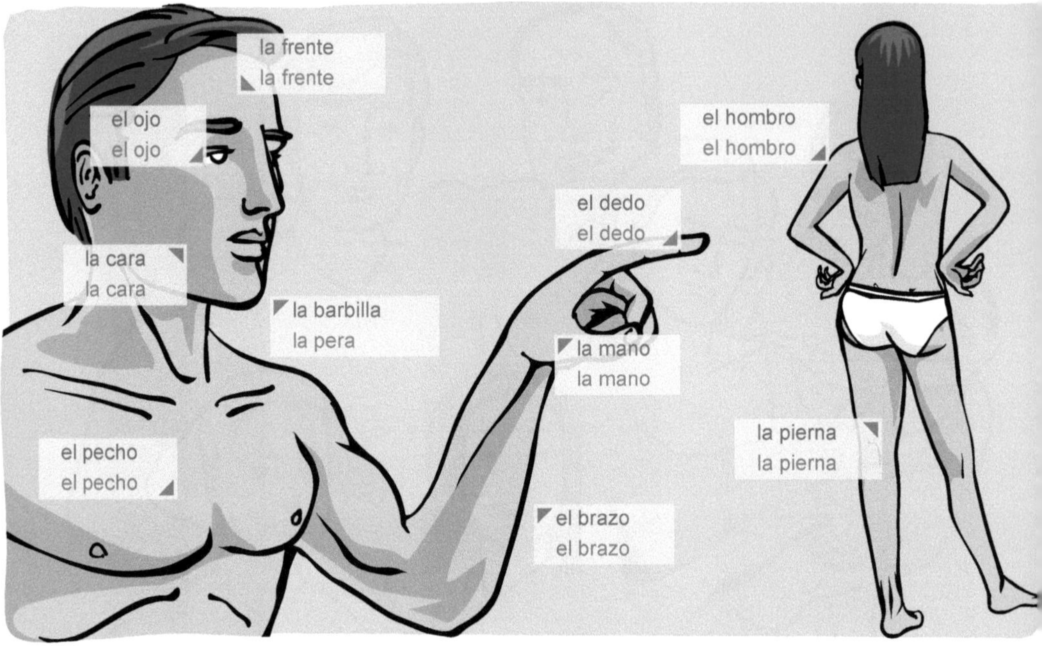

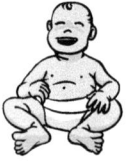

el bebé

el bebé

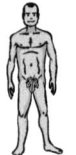

el hombre

el hombre

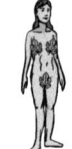

la mujer

la mujer

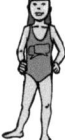

la chica

la nena

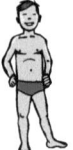

el chico

el nene

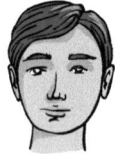

la cabeza

la cabeza

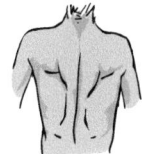

la espalda

la espalda

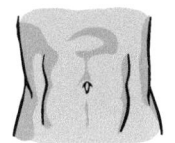

el vientre

la panza

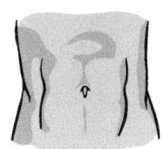

el ombligo

el ombligo

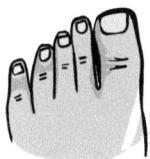

el dedo del pie

el dedo del pie

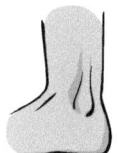

el talón

el talón

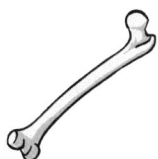

el hueso

el hueso

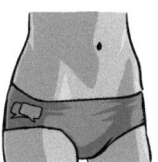

la cadera

la cadera

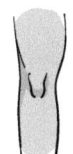

la rodilla

la rodilla

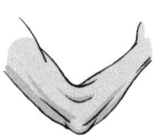

el codo

el codo

la nariz

la nariz

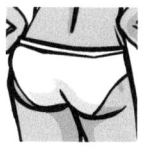

el trasero

la cola

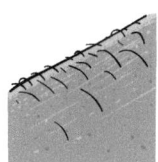

la piel

la piel

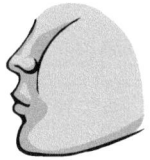

la mejilla

el cachete

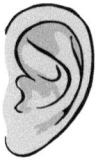

el oído

la oreja

el labio

el labio

la boca
la boca

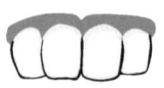

el diente
el diente

la lengua
la lengua

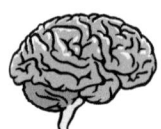

el cerebro
el cerebro

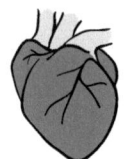

el corazón
el corazón

el músculo
el músculo

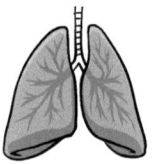

el pulmón
el pulmón

el hígado
el hígado

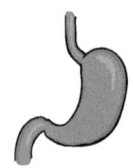

el estómago
el estómago

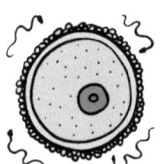

los riñones
los riñones

el sexo
el sexo

el condón
el preservativo

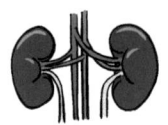

el ovario
el óvulo

el semen
el semen

el embarazo
el embarazo

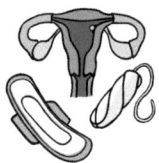

la menstruación

la menstruación

la vagina

la vagina

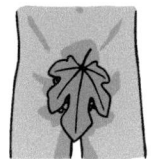

el pene

el pene

la ceja

la ceja

el pelo

el pelo

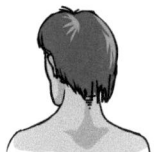

el cuello

el cuello

el hospital

el hospital

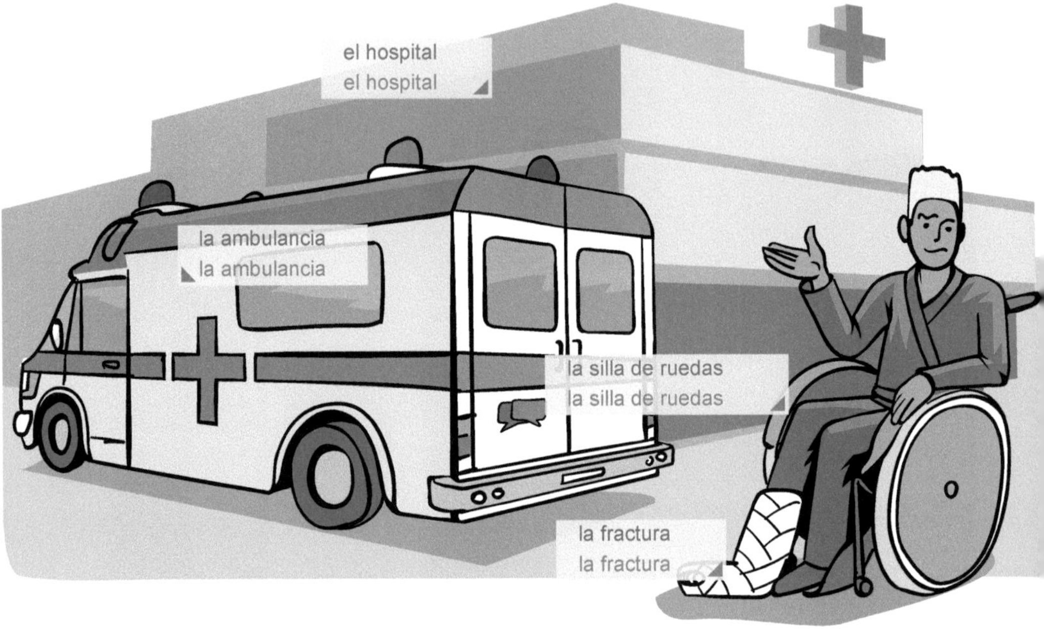

el hospital
el hospital
la ambulancia
la ambulancia
la silla de ruedas
la silla de ruedas
la fractura
la fractura

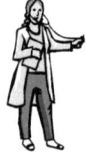

el médico

el médico

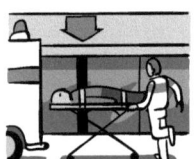

la sala de urgencias

la sala de guardia

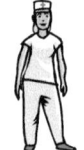

la enfermera

la enfermera

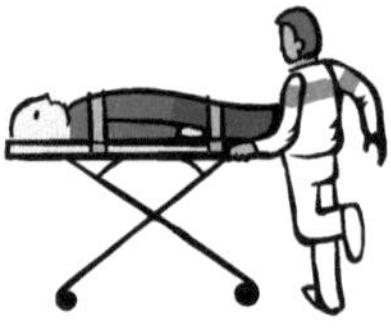

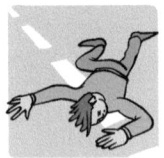

la urgencia

la emergencia

inconsciente

inconsciente

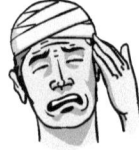

el dolor

el dolor

la lesión

la lesión

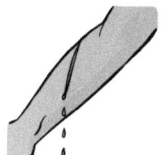

la hemorragia

la hemorragia

el infarto

el infarto

el ictus

el ACV

la alergia

la alergia

la tos

la tos

la fiebre

la fiebre

la gripe

la gripe

la diarrea

la diarrea

el dolor de cabeza

el dolor de cabeza

el cáncer

el cáncer

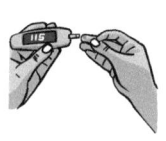

la diabetes

la diabetes

el cirujano

el cirujano

el bisturí

el bisturí

la operación

la operación

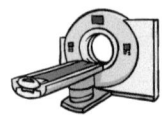

TAC
....
la TC

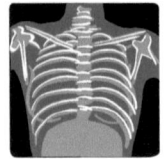

los rayos x
....
los rayos x

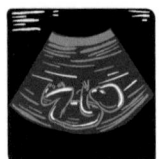

el ultrasonido
....
la ecografía

la mascarilla
....
el barbijo

la enfermedad
....
la enfermedad

la sala de espera
....
la sala de espera

la muleta
....
la muleta

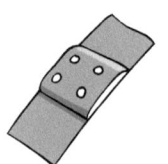

la tirita
....
la curita

la venda
....
la venda

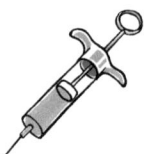

la inyección
....
la inyección

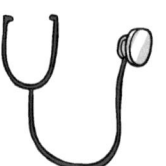

el estetoscopio
....
el estetoscopio

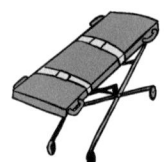

la camilla
....
la camilla

el termómetro
....
el termómetro

el nacimiento
....
el nacimiento

el sobrepeso
....
el sobrepeso

el audífono

el audífono

el desinfectante

el desinfectante

la infección

la infección

el virus

el virus

VIH / SIDA

el VIH / SIDA

la medicina

el remedio

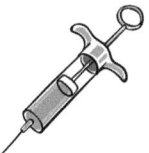

la vacunación

la vacunación

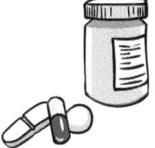

las tabletas

los comprimidos

la pastilla

la pastilla anticonceptiva

la llamada de urgencia

la llamada de emergencia

el tensiómetro

el tensiómetro

enfermo / sano

enfermo / sano

¡Socorro!

¡Ayuda!

la alarma

la alarma

el asalto

la agresión

el ataque

el ataque

el peligro

el peligro

la salida de emergencia

la salida de emergencia

¡Fuego!

¡Fuego!

el extintor de incendios

el matafuego

el accidente

el accidente

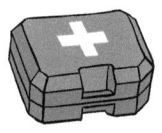

el botiquín de primeros
auxilios

el botiquín de primeros
auxilios

SOS

el SOS

la policía

la policía

Europa

Europa

Norteamérica

América del Norte

Sudamérica

América del Sur

África

África

Asia

Asia

Australia

Australia

el atlántico

el Atlántico

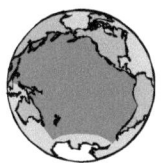

el Pacífico

el Pacífico

el Océano Índico

el Océano Índico

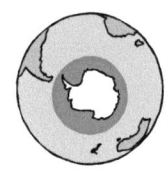

el Océano Antártico

el Océano Antártico

el Océano Ártico

el Océano Ártico

el polo norte

el polo norte

el polo sur

el polo sur

La Antártida

la Antártida

la tierra

la Tierra

la tierra

la tierra

el mar

el mar

la isla

la isla

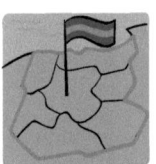

la nación

la nación

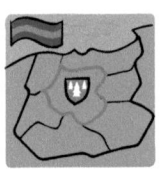

el estado

el estado

la tierra - la Tierra

la esfera
la esfera

la manecilla de las horas
la manecilla de las horas

el minutero
el minutero

el segundero
el segundero

¿Qué hora es?
¿Qué hora es?

el día
el día

el tiempo
la hora

ahora
ahora

el reloj digital
el reloj digital

el minuto
el minuto

la hora
la hora

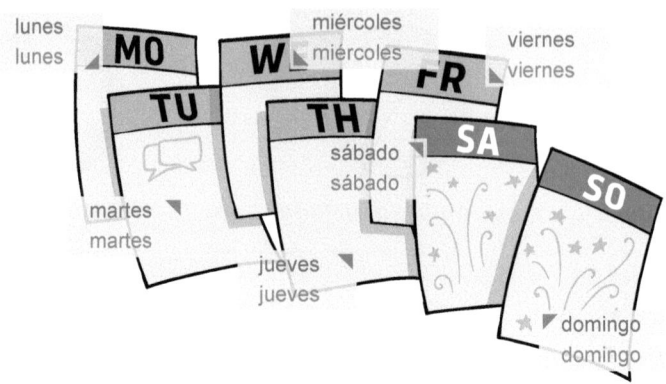

ayer

ayer

hoy

hoy

mañana

mañana

la mañana

la mañana

el mediodía

el mediodía

la tarde

la tarde

los días laborables

los días hábiles

el fin de semana

el fin de semana

el año

la lluvia
la lluvia
el arcoíris
el arco iris
la nieve
la nieve
el viento
el viento
la primavera
la primavera
el otoño
el otoño
el verano
el verano
el invierno
el invierno

4.APRIL 11°
5.APRIL 4°
6.APRIL 13°
7.APRIL 8°
8.APRIL 10°

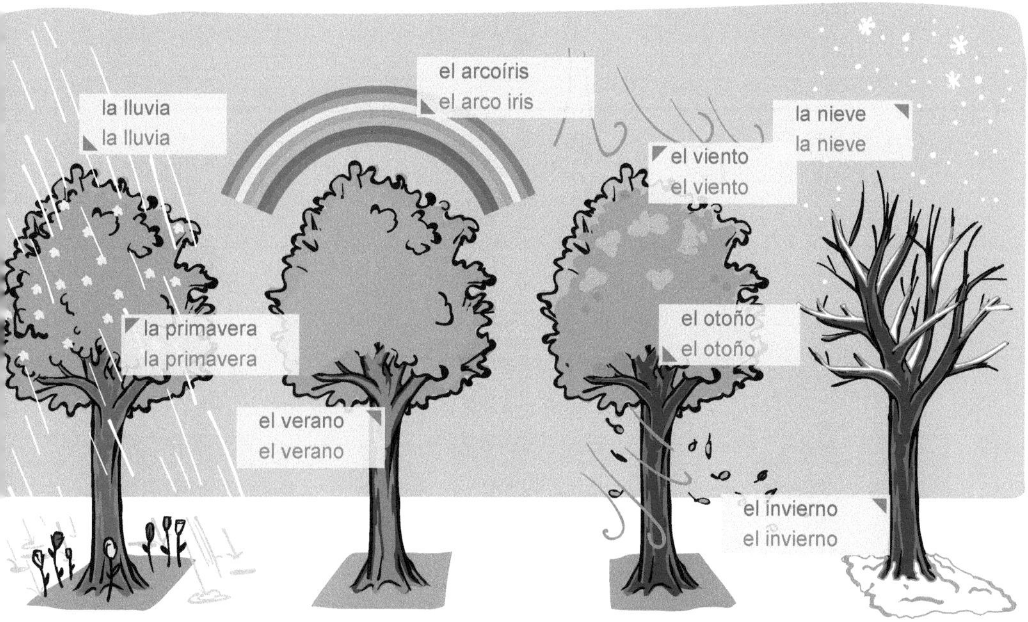

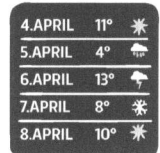

el pronóstico del tiempo

el pronóstico meteorológico

F C
120 40
90 30
60 20
30 10
0 0
-30 -10
-20

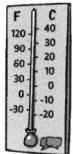

el termómetro

el termómetro

el sol

la luz del sol

la nube

la nube

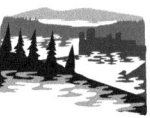

la niebla

la niebla

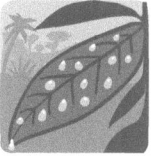

la humedad

la humedad

el rayo

el rayo

el trueno

el trueno

la tormenta

la tormenta

el granizo

el granizo

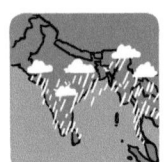

el monzón

el monzón

la inundación

la inundación

el hielo

el hielo

enero

enero

febrero

febrero

marzo

marzo

abril

abril

mayo

mayo

junio

junio

julio

julio

agosto

agosto

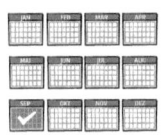

septiembre

septiembre

octubre

octubre

noviembre

noviembre

diciembre

diciembre

las formas

las formas

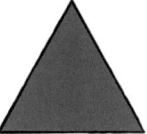

el círculo

el círculo

el cuadrado

el cuadrado

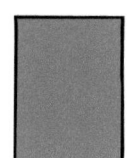

el rectángulo

el rectángulo

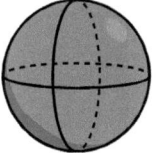

el triángulo

el triángulo

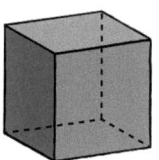

la esfera

la esfera

el cubo

el cubo

colores

blanco
....
blanco

amarillo
....
amarillo

anaranjado
....
naranja

rosa
....
rosa

rojo
....
rojo

morado
....
violeta

azul
....
azul

verde
....
verde

marrón
....
marrón

gris
....
gris

negro
....
negro

mucho / poco

mucho / poco

enojado / tranquilo

enojado / tranquilo

bonito / feo

lindo / feo

principio / fin

el principio / el fin

grande / pequeño

grande / chico

claro / oscuro

claro / oscuro

el hermano / la hermana

el hermano / la hermana

limpio / sucio

limpio / sucio

completo / incompleto

completo / incompleto

el día / la noche

el día / la noche

muerto / vivo

muerto / vivo

ancho / estrecho

ancho / angosto

comestible / no comestible

comestible / no comestible

malo / amable

malo / amable

entusiasmado / aburrido

entusiasmado / aburrido

gordo / delgado

gordo / flaco

primero / último

primero / último

el amigo / el enemigo

el amigo / el enemigo

lleno / vacío

lleno / vacío

duro / blando

duro / blando

pesado / ligero

pesado / liviano

el hambre / la sed

el hambre / la sed

enfermo / sano

enfermo / sano

ilegal / legal

ilegal / legal

inteligente / tonto

inteligente / estúpido

izquierda / derecha

izquierda / derecha

cerca / lejos

cerca / lejos

nuevo / usado

nuevo / usado

nada / algo

nada / algo

viejo / joven

viejo / joven

encendido / apagado

encendido / apagado

abierto / cerrado

abierto / cerrado

silencioso / ruidoso

silencioso / ruidoso

rico / pobre

rico / pobre

correcto / incorrecto

correcto / incorrecto

áspero / suave

áspero / suave

triste / contento

triste / contento

corto / largo

corto / largo

lento / rápido

lento / rápido

húmedo / seco

mojado / seco

cálido / frío

caliente / frío

guerra / paz

guerra / paz

0

cero

cero

1

uno

uno

2

dos

dos

3

tres

tres

4

cuatro

cuatro

5

cinco

cinco

6

seis

seis

7

siete

siete

8

ocho

ocho

9

nueve

nueve

10

diez

diez

11

once

once

12

doce

doce

13

trece

trece

14

catorce

catorce

15

quince

quince

16

dieciséis

dieciséis

17

diecisiete

diecisiete

18

dieciocho

dieciocho

19

diecinueve

diecinueve

20

veinte

veinte

100

cien

cien

1.000

mil

mil

1.000.000

el millón

el millón

el inglés

el inglés

el inglés americano

el inglés americano

el chino madarín

el chino mandarín

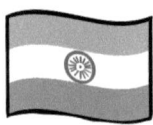

el hindi

el hindi

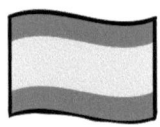

el español

el español

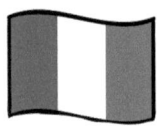

el francés

el francés

el árabe

el árabe

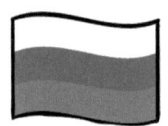

el ruso

el ruso

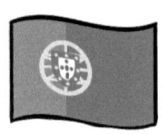

el portugués

el portugués

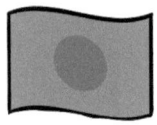

el bengalí

el bengalí

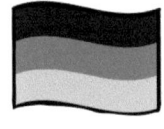

el alemán

el alemán

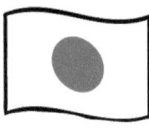

el japonés

el japonés

yo
yo

tú
vos

él / ella / ello
él / ella

nosotros/as
nosotros

vosotros/as
ustedes

ellos/as
ellos

¿quién?
¿quién?

¿qué?
¿qué?

¿cómo?
¿cómo?

¿dónde?
¿dónde?

¿cuándo?
¿cuándo?

el nombre
el nombre

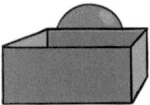

detrás

detrás

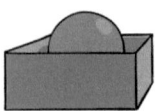

en

en

delante de

adelante de

por encima de

por encima de

sobre

sobre

debajo de

debajo de

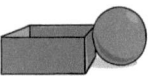

junto a

al lado de

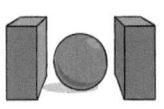

entre

entre

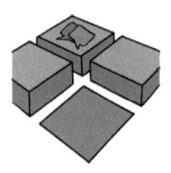

el lugar

el lugar